DESCRIPTION

D'UNE

NOUVELLE PRESSE

EXÉCUTÉE

POUR LE SERVICE DU ROI;

ET

PUBLIÉE PAR ORDRE DU GOUVERNEMENT.

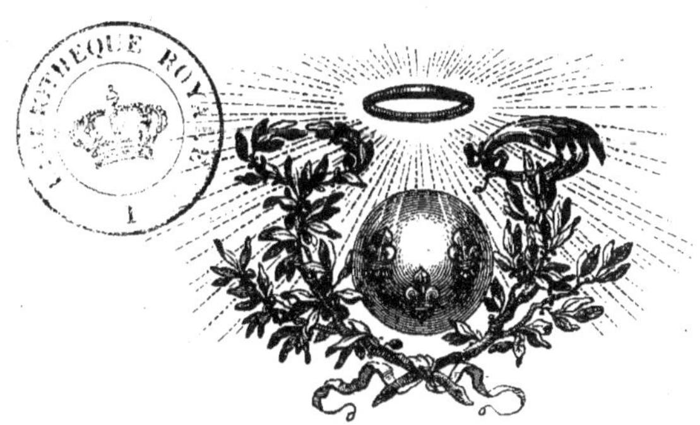

A PARIS,

DE L'IMPRIMERIE ROYALE.

M. DCCLXXXIII.

DESCRIPTION

DE LA

NOUVELLE PRESSE

DE

L'IMPRIMERIE ROYALE.

L'OPÉRATION de la Preſſe d'Imprimeur en lettres, conſiſte à tranſporter ſous une platine, la forme ou chaſſis, ainſi que la feuille de papier, & à donner à celle-ci une empreinte égale des caractères compoſés & diſpoſés en pages; mais la hauteur des lettres ou caractères, ou en termes de l'Art, la hauteur en papier *étant ou devant être toujours ſuppoſée uniforme, & l'égalité de l'empreinte étant indiſpenſablement néceſſaire pour la perfection de l'impreſſion, il a fallu établir un parallélisme exact entre les pièces qui concourent à la preſſion que reçoivent ces caractères: or, il n'eſt que trop prouvé que c'eſt par cette baſe fondamentale que pèche la Preſſe ordinaire. Il eſt aiſé d'en juger par l'inſpection de celles qui passent pour les plus parfaites, par le vacillement sensible de la platine, par les hausses inévitées & inévitables, & les supports sur le tympan & la frisquette. Mettre des hausses & des supports, n'est donc autre chose que de rétablir à grande perte de temps, & d'une manière toujours imparfaite, le parallélisme entre les pièces comprimantes & comprimées; & s'il y a des Ouvriers qui y réussissent, il y auroit de l'injustice à leur refuser quelque mérite. De plus, ce parallélisme entre le sommier, la platine & le marbre, étant une fois supposé, il falloit encore chercher à le conserver, & pour cela, parer aux inconvéniens du jeu que peuvent acquérir des pièces qui se frottent & se compriment plus de six mille fois par jour: on en a trouvé les moyens dans leur justesse & leur perfection, dans leur bonne proportion, dans la dureté & la combinaison des matières; toutes qualités indispensables pour produire une impression parfaite, & auxquelles il ne paroît pas qu'on ait donné jusqu'à ce jour une attention suffisante.*

Cette nouvelle Preſſe imprime en un ſeul coup. On verra ci-après dans le détail de ſes parties, les avantages qui en réſultent, & les motifs qui avoient obligé juſqu'à préſent à partager cette opération. Mais ce genre de conſtruction qui auroit dû être celui de la Preſſe, dès ſa première invention, eſt déjà commun à d'autres pour leſquelles il a été adopté avec ſuccès. Celle-ci en diffère principalement par les moyens faciles & précis dont on ſe ſert pour régler la preſſion; par le parallèliſme exact des pièces qui y concourent; par l'invariabilité abſolue de la platine; par la juſteſſe de toutes ſes pièces, dont le mouvement eſt ſi doux, qu'il ne produit aucun bruit; & enfin par ſa baſe aſſez ſolide, pour n'avoir beſoin d'être ſoutenue par aucun étançon.

Pour donner une deſcription exacte de toutes ſes parties, on a cru devoir la rendre comparative & contradictoire avec celle de l'ancienne Preſſe, dans tous les points où elles peuvent différer entr'elles; & rendre compte à meſure, de la différence des moyens & des réſultats.

Les expériences faites en présence des Commissaires nommés par l'Académie Royale des Sciences, & consignées dans le rapport qui lui en a été fait le 17 Mai 1783, ont prouvé que cette Presse est plus expéditive d'un quart que les autres, en rendant en même temps la main-d'œuvre moins pénible, & qu'elle procure à ses ouvrages un degré de perfection, indépendant du talent des Ouvriers.

D'après ces considérations, le Gouvernement s'est déterminé à faire publier une description exacte & détaillée de cette Machine, dont le succès étoit déjà assuré, par les expériences réitérées depuis plusieurs années à l'Imprimerie Royale, pour en faciliter la construction aux Gens de l'Art, & leur faire trouver dans la simplification des procédés, les moyens d'en mettre les résultats à la portée de tout le monde.

EXTRAIT DU RAPPORT

FAIT

À L'ACADÉMIE ROYALE DES SCIENCES,

le 17 Mai 1783.

M. le Président de Saron, M. le Duc de la Rochefoucauld, & MM. de Fouchy, le Roy, l'Abbé Rochon & Desmarest, nommés par l'Académie royale des Sciences, pour examiner la nouvelle Presse qui lui a été présentée, ont jugé que cet instrument mérite ses éloges & son approbation, comme contribuant par des moyens nouveaux & ingénieux, à perfectionner l'Imprimerie.

Ces moyens sont:

1.° Le système suivi dans la construction du sommier & de l'écrou qu'il porte. Par cette construction la vis de la nouvelle Presse, peut prendre & conserver une situation verticale, constamment la même pendant sa révolution.

2.° La vis qui, au lieu de se terminer en pointe par la partie inférieure, y porte des pas à trois filets, qui jouent dans un écrou fixé à la platine.

3.° La moiſe qui, s'oppoſant à tout déplacement latéral de la platine, dirige & maintient ſon mouvement dans la ligne verticale.

4.° Et c'eſt ici un des points de réforme qui paroît le plus important aux Commiſſaires, la vis & les ſupports, élaſtiques ou durs, qui aſſujettiſſent le ſommier, en règlent les effets à volonté, & par conſéquent conſervent toujours très-exactément ſon parallélisme, lorſqu'il deſcend & qu'il remonte.

5.° (Sans s'arrêter aux avantages qui peuvent naître, ſoit de la forme ou de la matière du marbre & de ſon chaſſis, ſoit de la manière dont ils roulent), la ſtabilité du plan ſur lequel poſe le coffre au moment de la preſſion, & dont l'aſſiette eſt invariable ſous l'effort de la platine.

6.° La diſpoſition particulière du tympan, par laquelle on s'eſt ménagé la facilité d'en faire diſparoître le foulage, ſans aucune perte de temps.

7.° Celle de la friſquette qui remplit l'eſpace des garnitures de la forme, de manière que la feuille de papier qu'on imprime ſoit ſoutenue également par-tout.

En expoſant dans le plus grand détail ces différens moyens, les Commiſſaires en font continuellement la comparaiſon avec ceux qui les remplacent dans les anciennes Preſſes ; ils montrent tous les défauts de ces derniers , ainſi que l'impoſſibilité d'obtenir en s'en ſervant, une impreſſion parfaite. Ils terminent cette comparaiſon par celle des réſultats que leur ont donnés quelques eſſais faits avec l'un & l'autre inſtrument. Si l'on réimprime avec les Preſſes ordinaires, une feuille qu'on vient d'imprimer, ſans la détacher du tympan, les lettres ſont doublées. Avec la nouvelle Preſſe, on a réimprimé la même feuille juſqu'à cinq ou ſix fois, ſans que les lettres aient doublé. Il faut remarquer qu'à chaque fois qu'on a réitéré l'impreſſion, on a fait aller & venir le coffre; on a déployé & reployé le tympan & la friſquette, pour examiner l'effet de chaque coup de Preſſe ; enfin on a encré. On a fait plus encore : pour s'aſſurer que la platine preſſoit également dans toutes ſes parties, & conſervoit ſon parallélisme malgré le porte-à-faux que cauſe l'incomplet des pages de la forme ; on a placé ſur le marbre ſucceſſivement à différens points, des paquets de compoſition, qui ne renfermoient que l'étendue d'une page, & on les a placés de manière qu'ils répondiſſent à différens angles de la platine ; or dans toutes les poſitions qu'elles ont occupées ſur le marbre, l'impreſſion de ces pages s'eſt également bien faite, tant le parallélisme de la platine avec le marbre est invariablement maintenu.

Les Commissaires apprécient enfin l'avantage de la nouvelle Presse sur l'ancienne, quant à la célérité du travail : il en résulte qu'il est certain que la manœuvre se trouve abrégée de moitié dans la nouvelle Presse.

Je soussigné certifie le présent Extrait du rapport, conforme à l'original & au jugement de l'Académie. A Paris, le vingt-un octobre mil sept cent quatre-vingt-trois.
Signé *LE MARQUIS DE CONDORCET, Secrétaire perpétuel.*

TABLEAU COMPARATIF

DES DIFFÉRENTES PIÈCES

DE LA NOUVELLE PRESSE,

AVEC CELLES DES ANCIENNES.

NOUVELLE PRESSE.

LE CHAPITEAU, indépendamment de la grâce qu'il procure à la Preſſe en la couronnant, ſert encore à lier & aſſembler les jumelles.

LES JUMELLES, d'une conſtruction beaucoup plus forte, ſont unies dans leur longueur par de fortes vis aux pièces *SS, FF, HH, NN, OO.* Les mortoiſes qui reçoivent les tenons du ſommier ſont armées en cuivre, & leurs ſurfaces extérieures, ſur leſquelles doivent frotter les mentonnets du ſommier pendant ſa courſe, ſont auſſi armées de plaques de cuivre; celles-ci ſont liées aux premières par des boulons ou vis à têtes fraizées & perdues; & de-là il réſulte que le ſommier, dont toutes les parties correſpondantes ſont garnies d'acier, opère, ſur & dedans les jumelles, un frottement fort doux, & qui ne peut jamais être contrarié par le gonflement des bois, auquel on a paré, par ces mêmes précautions.

ANCIENNES PRESSES.

LE CHAPITEAU, dans preſque toutes les Preſſes, ou n'exiſte pas, ou n'eſt qu'une planche clouée ſur le haut de chaque jumelle, & ne ſert que d'objet de décoration.

LES JUMELLES ſont deux pièces de bois ſouvent mal écarries, qui n'ont d'autre union que celle que peuvent leur procurer deux ſeules traverſes, qui n'y tenant que par leurs tenons, les emmanchent plus ou moins ſolidement; auſſi ſont-elles fortement étançonnées au plafond par des tringles de fer. Les mortoiſes qui reçoivent le ſommier étant ſimplement formées & entaillées dans l'épaiſſeur, on voit fréquemment les bois ſe renfler ou ſe retirer, contraindre le ſommier d'un côté & de l'autre, ou lui procurer beaucoup de jeu: il eſt aiſé de comprendre les effets vicieux qui doivent en réſulter, puiſque c'eſt dans ce même ſommier ainſi contraint & qui ne peut plus être parallèle à la platine, que paſſe

*

TABLEAU COMPARATIF.

NOUVELLE PRESSE.

Elles ſont aſſemblées par en-bas dans des patins de 3 pieds de long ſur 1 pied de large, & 6 pouces d'épaiſſeur : ces patins ſont unis l'un à l'autre par deux traverſes. Cet aſſemblage eſt encore fortifié par deux boulons qui lient enſemble les jumelles, les patins & les traverſes de devant & de derrière. Les Jumelles ſont ainſi aſſiſes ſur une baſe de près de 8 ½ pieds carrés, ce qui, joint à la maſſe des autres parties de la Preſſe, diſpenſe de tout étançon.

LES DEUX VIS DE PRESSION DES JUMELLES. Ces pièces ſont ici d'une invention abſolument nouvelle; elles ont 1 pied de long, & 18 lignes de diamètre: elles traverſent le bout des jumelles pour entrer dans leur écrou, & deſcendre juſque ſur les garnitures du ſommier. Leur uſage eſt de conſerver toujours le parallélíſme de cette pièce, en comprimant ſes garnitures, qui étant des corps plus ou moins élaſtiques, offrent une réſiſtance inégale de chaque côté; de façon que pour charger également le ſommier, il n'y a qu'à faire deſcendre ou remonter les vis: c'eſt ainſi que l'on remédie à l'irrégularité inévitable des étoffes, avec leſquelles on eſt obligé de contraindre l'aſcenſion du ſommier, comme on le verra ci-après.

ANCIENNES PRESSES.

la vis ; celle-ci ceſſe d'être verticale, & c'eſt le principe de tous les vices que l'impreſſion peut éprouver.

Les jumelles les plus ſolides ſont aſſemblées dans des patins de 21 pouces de long ſur 6 pouces de large & 3 pouces ½ d'épaiſſeur, deſtitués de traverſes qui les uniſſent : elles préſentent une maſſe ſi chancelante, qu'on eſt obligé de les aſſujétir par bas au plancher, & de les étayer au plafond par des étançons multipliés & par des barres de fer.

TABLEAU COMPARATIF.

NOUVELLE PRESSE.

L'ENCRIER est taillé dans la masse d'un bloc de marbre noir de 18 pouces de long sur 17 pouces de large, & de 6 pouces d'épaisseur; son broyon est de la même matière. Cette pièce a sur les autres, l'avantage qu'on peut y broyer l'encre beaucoup plus parfaitement sans craindre le mélange d'aucun corps étranger; elle est recouverte d'un couvercle en carton, qui l'enveloppe en entier, sans cependant en suspendre l'usage.

LE SOMMIER, partagé en deux dans sa longueur, reçoit l'écrou, qui porte en-dessous deux oreilles pour servir à déterminer son à-plomb dans le sommier: deux boulons traversent ces deux oreilles, le sommier, & une autre plaque de cuivre qui le recouvre & sur laquelle on les serre à mesure que le bois se comprime. Les deux parties du sommier sont réunies ensemble par huit forts boulons, qui portent chacun leur rondelle de cuivre; les quatre du milieu servent à serrer & maintenir l'écrou; ceux des extrémités compriment les mentonnets contre les jumelles, & contribuent à rendre le sommier fixe à volonté: ses tenons sont armés en dedans & en dehors de plaques d'acier, liées entr'elles par des boulons à têtes fraizées & perdues; & pour s'assurer davantage de la justesse des frottemens, on a pendant un long espace de temps,

ANCIENNES PRESSES.

L'ENCRIER est un assemblage de quatre planches de chêne sur lesquelles l'encre se broye avec un broyon de bois. Il s'en faut de beaucoup que l'objet utile qui devroit résulter de cette opération, soit rempli: l'encre, loin de se broyer, pénètre bientôt les pores du bois, & en détache des parcelles que les balles enlèvent & que les caractères ne tardent pas à recevoir. La plupart des encriers, ou ne sont couverts en aucun temps, ou ont des couvercles dont la construction ne permet pas l'usage pendant le travail.

LE SOMMIER est une pièce de bois d'un seul morceau, qui renferme l'écrou de la vis; elle entre de chaque côté dans les entailles des jumelles, & est le plus ordinairement maintenue sur chaque partie latérale par des mentonnets pris dans la masse: cette pièce est destinée, à chaque coup de pression, à remonter & descendre le long des jumelles. Pour opérer la pression, & pour régler ce qu'on appelle *le coup* de l'Ouvrier, c'est-à-dire déterminer l'arc qu'il doit décrire en amenant à lui le barreau, il a fallu contraindre l'ascension du sommier par des garnitures de feutres, cartons ou autres corps élastiques; mais, comme on l'a vu précédemment, ces corps plus ou moins denses & épais, ne peuvent recevoir ou produire une résistance égale que par l'effet du hasard: le sommier est donc très-éloigné de conserver le parallélisme parfait qu'il ne devroit jamais

TABLEAU COMPARATIF.

NOUVELLE PRESSE.

rodé & uſé à l'émeri cette pièce, ſur toutes les parties qui éprouvent le contact des jumelles.

En partageant le ſommier en deux parties, on eſt parvenu à obvier aux inconvéniens que peut produire, en ſe déjetant, une pièce de bois auſſi forte, & qui finit preſque toujours par ſe gercer, ſe fendre & s'éclater.

L'ÉCROU D'EN-HAUT eſt une maſſe de cuivre de laiton ſuffiſamment rendurci, dans laquelle on a taraudé les pas d'en-haut de la vis : ces pas ſont très-exactement les mêmes que ceux de la vis, ſur laquelle ils ont été taraudés, par le moyen d'un tarau ou fauſſe vis qui avoit été elle-même coupée ſur le tour d'après ceux de la vis. Il en eſt réſulté que l'intérieur de cet écrou offre des pas vifs, nets & ſans ſoufflure. Lorſque la vis y eſt introduite, elle n'y

ANCIENNES PRESSES.

perdre, & qui ſuppoſe que les tenons en aient, lors de ſa conſtruction, été proportionnés avec juſteſſe aux mortoiſes des jumelles, ce qui arrive très-rarement : le renflement des bois de part ou d'autre, le contraint bientôt d'un côté; il acquiert du jeu d'un autre; au point que l'on voit des ſommiers remonter & deſcendre ſenſiblement de travers en pluſieurs temps. Le plus ſouvent, les Ouvriers qui n'ont d'autres moyens de le charger ou de le comprimer, que de diminuer d'un côté les garnitures, ou d'en introduire avec peine de nouvelles de l'autre, laiſſent le ſommier dans cet état de délabrement, ou tâchent d'y remédier par des cales qu'ils introduiſent avec force dans les entailles. Le ſommier eſt donc très-éloigné d'être parallèle à la platine : la vis n'eſt plus verticale, la preſſion s'opère inégalement, & il ne faut attribuer qu'à cela l'égrènement du pivot de la vis.

L'ÉCROU eſt une portion de matière aigre, mêlée ſouvent de potin, fondue ſur la vis, & qui en eſt dévêtie à grands coups de maſſe; de-là, il réſulte qu'étant impoſſible de lui reſtituer la même rondeur que le dévêtiſſement lui a néceſſairement ôtée, la vis ceſſe de toucher dans tous les points les pas de l'écrou, elle y acquiert des mouvemens irréguliers, elle uſe inégalement l'écrou; & celui-ci, qui retient toujours de la fonte des parties vitrifiées, mange lui-même les pas de

TABLEAU COMPARATIF.

NOUVELLE PRESSE.

a de jeu que ce qui eſt néceſſaire pour y faire ſa révolution : par ce moyen on a obtenu encore plus de juſteſſe qu'avec un écrou fondu ſur la vis, & on a évité les parties vitrifiées de la fonte, qui la détruiſent ſouvent elle-même en peu de temps.

L'inclinaiſon des pas de cet écrou eſt à peu-près la même qu'aux écrous ordinaires ; il ſeroit facile d'arriver au même but, par une inclinaiſon plus ou moins grande des pas d'en-haut de la vis ; mais ſon rapport avec celle des pas de l'écrou d'en-bas n'eſt pas indifférent, & c'eſt, comme on le verra dans la deſcription ſuivante, leur combinaiſon qui fait deſcendre & monter plus ou moins la platine. Un des ſoins les plus indiſpenſables à prendre dans la conſtruction d'une Preſſe, & ſur-tout de celle-ci, eſt de placer l'écrou dans ſon ſommier ſur une ligne qui lui ſoit parfaitement perpendiculaire ; & on s'en eſt aſſuré ici par tous les moyens poſſibles.

LA VIS eſt une pièce d'acier, cylindrique, de la même longueur que les autres, dont la tête eſt renforcée d'un quart ; le haut porte quatre filets carrés, inclinés dans la proportion ordinaire, pris dans la maſſe, taillés ſur le tour, & diviſés avec tant de juſteſſe, que la vis peut entrer dans ſon écrou par tous les pas indifféremment : cette portion de la vis fait dans ſon écrou un peu plus d'un quart de révolution, & cette révolution

ANCIENNES PRESSES.

la vis ; cet écrou eſt le plus ſouvent placé dans le ſommier avec trop peu de précaution, pour en aſſurer la ſituation verticale ; alors la vis ceſſe elle-même d'être perpendiculaire au ſommier, la preſſion devient inégale, le pivot caſſe, & il en réſulte les ravages que l'on verra ci-après.

LA VIS eſt un morceau de fer forgé, de la longueur de 22 pouces, dont les pas à quatre filets carrés, de 4 pouces de hauteur, ſont ordinairement brazés, c'eſt-à-dire rapportés ſur le corps de la vis ; le bas eſt terminé en un pivot pointu, ſouvent d'une ſeule pièce, quelquefois tronqué vers ſon extrémité & ſe démontant à clavette pour que ſon renouvellement qui arrive ſouvent, par les raiſons détaillées ci-deſſus,

TABLEAU COMPARATIF.

Nouvelle Presse.

eſt commune à toutes les Preſſes comme à la nouvelle; elle eſt néceſſitée & opérée par l'effet du barreau que l'Ouvrier eſt obligé d'aller chercher contre la jumelle, où il doit s'en retourner pour que le coffre puiſſe s'échapper de deſſous la platine, & que le tympan & la friſquette puiſſent ſe développer : or, l'Ouvrier en amenant à lui le barreau, décrit un arc d'environ cent degrés; & à raiſon de la deſcription néceſſaire de ce grand arc, la platine, obligée de ſuivre l'écrou d'en-bas auquel elle eſt attachée, ſubit, d'après cette hypothèſe, une deſcente de quatorze lignes, *première donnée.* Mais on avoit auſſi une *autre donnée* diamétralement oppoſée ; c'étoit de reſtreindre à une bien moindre étendue, & de déterminer, à peu de choſe près, la deſcente de la platine à celle néceſſaire pour preſſer ſuffiſamment. Car moins la courſe de la platine peut avoir d'étendue, moins elle doit éprouver de variation. Sans ce motif il eût été encore poſſible de laiſſer à la platine toute la révolution que l'inclinaiſon des pas de vis eût pu lui donner. On auroit aiſément trouvé le moyen, comme dans les autres Preſſes, de remédier au trop de foulage par la plus grande élaſticité du ſommier, où ſe feroit perdu l'excédent de la deſcente de la platine. Celle-ci n'étant éloignée de deſſus la forme, avant la preſſion, que de quatorze lignes, les garnitures du tympan ont une épaiſſeur que la preſſion peut diminuer, mais ne peut jamais anéantir: il faut

Anciennes Presses.

n'entraîne pas celui de toute la vis, & n'expoſe pas l'Ouvrier à l'entière ſuſpenſion de ſon travail : c'eſt ce point, qui n'a pas une demi-ligne d'étendue, qui eſt deſtiné à comprimer dans ſon centre une ſurface d'environ 17 pouces de long ſur 12 pouces de large. A la tête de la vis eſt quelquefois adaptée par un collet qui l'entoure, une traverſe de fer portant à chaque extrémité un T, par les branches duquel paſſent les crampons, chaînes ou cordes qui ſervent à maintenir la platine dans ſa deſcente, & à la remonter après la preſſion. C'eſt uniquement en ce point, dans l'attache de la platine, qu'a varié juſqu'à préſent la conſtruction de la Preſſe, mais tous ces moyens peuvent être regardés comme vicieux, aucun ne tendant à deſcendre la platine ſans variation & à la remonter de même.

TABLEAU COMPARATIF.

NOUVELLE PRESSE.	ANCIENNES PRESSES.
donc que l'excédent de la descente de la vis, opérée par la course du barreau, sur l'espace compris entre la platine & la forme, eu égard à l'épaisseur irréductible des étoffes, se distribue quelque part; ce qui se fait par la liberté limitée qu'on laisse au sommier de remonter. Pour accorder des données aussi opposées, on a imaginé de construire une vis qui eût, dans sa partie inférieure, des pas comme en haut, inclinés de manière que lorsque la vis descend de dix lignes, la platine ne descende que d'un peu plus de trois lignes; alors toute la descente fixée à la platine, tourne à volonté, à très-peu de chose près, au profit de la pression: il résulte donc de l'inclinaison des pas d'en-bas, combinée avec l'inclinaison de ceux d'en-haut, que les deux tiers de la descente produite par la révolution des pas d'en-haut sont détruits par ceux d'en-bas; & c'est-là ce qui a le plus long-temps contrarié les efforts de l'Inventeur de cette Presse. La pression s'opère par les pas d'en-bas de la vis sur ceux de l'écrou, & c'est, comme on le verra dans la description de l'article suivant, le seul principe de la Presse à un coup. Chaque bout de la vis porte un pivot de 15 lignes de long; l'un desquels entre par en-haut dans la plaque de cuivre qui surmonte le sommier, & l'autre est engagé dans une chambre pratiquée au	

NOUVELLE PRESSE. | ANCIENNES PRESSES.

centre de la platine, & n'eſt pas aſſez long pour toucher au fond lorſque la vis eſt au bout de ſa révolution.

L'ÉCROU D'EN-BAS. Cet écrou eſt un morceau de cuivre de la même eſpèce que celui d'en-haut, & dont les pas ont été taraudés par le même procédé; ſa forme extérieure préſente quatre faces exactement carrées & polies; il eſt terminé par une baſe de huit pouces ſix lignes en carré, aux quatre coins de laquelle la platine eſt attachée par de fortes vis : on a donc une preſſion produite par une ſurface de près d'un demi-pied carré au lieu d'un ſeul point. La preſſion s'opérant par les pas de la vis, celle-ci entraîne avec elle en deſcendant & ramène en montant ſon écrou d'en-bas, & par conſéquent la platine qui y eſt attachée : pendant cette révolution, qui eſt déterminée à quatre lignes & demie & n'excède jamais trois lignes, les quatre faces extérieures de l'écrou qui ſuit ce mouvement, touchent dans tous leurs points celles de la boîte d'acier renfermée dans la moiſe. Ces frottemens & contacts ont été préparés & diſpoſés en même temps que ceux du ſommier, par de l'émeri fin, de la ponce pilée, & enfin du rouge d'Angleterre.

Il eſt abſolument néceſſaire que la ſurface de deſſous de l'écrou qui porte ſur la platine, offre un plan exactement parallèle à celui de la platine ſur laquelle il poſe.

TABLEAU COMPARATIF.

NOUVELLE PRESSE.

LA MOISE eſt une tablette de bois de l'épaiſſeur de 2 pouces 7 lignes, & placée à 2 pouces ½ au-deſſus de la platine; cette tablette, briſée en deux parties, ſe réunit en une par le moyen de quatre boulons; dans ſon milieu eſt pratiquée une ouverture pour le paſſage de l'écrou d'en-bas, & cette ouverture eſt une boîte d'acier de la même épaiſſeur que la moiſe; cette boîte eſt de même briſée en deux pièces, d'angle en angle: chaque partie porte des deux côtés une oreille ou prolongement, que traverſe de chaque côté un des quatre boulons: toutes ſes ſurfaces diſpoſées carrément avec le plus grand ſoin, ont été, comme on l'a vu ci-deſſus, rodées & uſées contre celles de l'écrou. Cette tablette, qui porte le nom de *moiſe* lorſqu'elle réunit ſa boîte d'acier, contribue uniquement à aſſurer l'invariabilité de la platine; chaque bout embraſſe les jumelles par un fort mentonnet, & ſes deux parties ſont forcées & contraintes en en-bas, dans les mortoiſes des jumelles, par une double clé de bois; il eſt donc impoſſible que cette pièce, ainſi aſſujettie dans les deux ſens oppoſés, laiſſe à l'écrou d'autre mouvement que celui qui ſe fait dans le ſens vertical: c'eſt-là la propriété eſſentielle de cette pièce importante, qui aſſure la ſituation perpendiculaire de la vis, & donne en même-temps à la platine une invariabilité inconnue juſqu'à préſent.

ANCIENNES PRESSES.

LA MOISE ou TABLETTE eſt une planche quelquefois d'une ſeule pièce, ordinairement diviſée en deux parties qui ſe joignent enſemble; elle eſt attachée aux jumelles par deux mortoiſes en queue d'aronde: ſon uſage paroît être deſtiné à maintenir la poſition verticale de la vis dans la boîte qui traverſe cette pièce; mais cet objet eſt manqué, & la conſtruction même de la Preſſe s'oppoſe à ce qu'il ſoit rempli.

TABLEAU COMPARATIF.

Nouvelle Presse.

La Platine, de cuivre fondu, porte 23 pouces de long sur 19 pouces de large; elle présente quatre faces disposées en talus; la surface de dessus est la même que la base de l'écrou, & est exactement recouverte par cette pièce : son épaisseur, au centre, est de 19 lignes, & sur les extrémités de 9 lignes ½. On a vu ci-dessus quelle étoit sa révolution, qu'elle ne faisoit que celle qui est nécessaire pour opérer une pression suffisante, & seulement aux dépens des garnitures du tympan : son invariabilité absolue, est un des plus grands points de difficulté vaincue que la construction de cet instrument puisse présenter.

Le Marbre est une plate-forme de cuivre dur, de l'épaisseur de 9 lignes, portant 18 pouces de large sur 22 pouces ½ de long; il est enchâssé dans un chassis de fer avec lequel il a été corroyé de manière que leurs deux surfaces, parfaitement dressées & unies, n'en font qu'une. On a pratiqué, à moitié de son épaisseur, une feuillure de 4 lignes de large, sur laquelle il porte dans le chassis, ce qui l'empêche de tasser au-dessous de la surface du chassis, & de céder sous l'effort de la pression.

Le sommier étant supposé de niveau, la vis perpendiculaire, la platine aussi de niveau & immobile, la pression feroit

Anciennes Presses.

La Platine étoit anciennement en bois, mais maintenant l'usage paroît avoir prévalu de la faire de cuivre; sa dimension la plus ordinaire est de 17 pouces de long sur 12 pouces de large : son épaisseur est communément de 2 pouces, son centre est déterminé par une grenouillière ou morceau de fer trempé, incrusté dans sa masse, & sur laquelle le pivot de la vis descend & opère la pression. La manière dont elle est attachée à la vis a quelquefois varié : il y a toujours aux quatre coins de cette pièce un fort crampon, où passoient autrefois des cordes qui alloient se rattacher au bas de la boîte qui enferme la vis; maintenant ce sont des anneaux en *S*, dont l'un passe dans les crampons de la platine, & les autres traversent la tablette.

Le Marbre est quelquefois une planche épaisse, mais le plus ordinairement une dalle de pierre de l'épaisseur de 2 pouces ½, portant sur un fond de bois, & encadrée dans son chassis aussi en bois; cette pierre, qui n'est jamais d'une épaisseur parfaitement égale, est calée dans son coffre, avec du son, pour en remplir, autant qu'il est possible, les porte-à-faux; mais si l'on parvient à établir pour quelque temps cette pièce de niveau, l'effort de la pression le lui fait bientôt perdre, les corps qui ont été introduits dessous se tassent promptement, le marbre, quelque épais qu'il soit, casse, & souvent on le laisse subsister dans cet état. Quelque dure que

TABLEAU COMPARATIF.

NOUVELLE PRESSE.

encore infidelle, si la base sur laquelle elle s'opère pouvoit céder à ses efforts, & si elle ne présentoit pas une surface unie & un plan parallèle aux autres pièces.

LE CHASSIS, COFFRE & TRAIN, est composé d'un chassis de fer de 2 pouces de large, à fleur duquel est le marbre, & qui ne forme avec celui-ci qu'une seule & même surface. Aux quatre coins sont adaptées comme aux autres les quatre cornières: & sur la partie de derrière, dans le prolongement de toute la largeur du chassis, est appliquée la moitié de la charnière du grand tympan, qui y est attachée par cinq boulons: les trous ovales qui y sont pratiqués laissent la liberté à l'Ouvrier de la remonter ou descendre de 3 lignes. On a ménagé dans l'épaisseur de l'intérieur de ce chassis, une feuillure de même profondeur que celle du marbre, pour le recevoir. Cette pièce, ainsi construite, peut prendre le nom de *coffre*,

ANCIENNES PRESSES.

soit cette pierre, quelque fin que soit son grain, l'eau qui la mine, les coups de marteau qu'elle reçoit, le poids des chassis que l'on y pose toujours sans précaution sur les angles, ont bientôt tellement dégradé sa surface, que les caractères qui y sont posés, se prêtent eux-mêmes à son irrégularité; alors, les supports, les hausses, remèdes nécessaires mais aussi vicieux que le mal, sont la seule ressource de l'Ouvrier.

On a cherché quelquefois à éviter un de ces inconvéniens, en appliquant sur un marbre de bois une feuille de cuivre, qui n'ayant pas assez d'épaisseur, & portant elle-même sur une base infidelle, n'a pas produit de meilleurs effets.

LE CHASSIS ou COFFRE & TRAIN, est un cadre de bois auquel est adapté un fond dans lequel est encaissé le marbre; les quatre coins sont armés de quatre cornières ou cantonnières en fer qui y sont attachées par des vis, & dont l'usage est d'assujettir avec des coins de bois la forme qui contient les caractères; c'est-là le *coffre* proprement dit: il porte par derrière un prolongement sur lequel est monté le chevalet qui supporte le tympan. Au-dessous du coffre sont adaptés huit, quelquefois dix crampons de cuivre, disposés sur deux lignes parallèles, qui servent à le faire glisser sur deux tringles de fer poli en dos d'âne. Les crampons, d'une épaisseur & d'un degré de dureté toujours différens, ne portent

TABLEAU COMPARATIF.

NOUVELLE PRESSE.

puisqu'elle en fait les fonctions; elle ne porte point avec elle le chevalet du tympan, qui est attaché à demeure sur le train, comme on le verra ci-après.

On a adapté au chassis trois bandes de cuivre récrouï; chacune desquelles est évidée dans toute sa longueur, à la réserve de trois parties angulaires de neuf lignes de long, ce qui fait neuf points de frottement, qui glissent dans trois barres d'acier qui ont la même forme en creux, mais de manière que les frottemens ne s'opèrent que dans le fond & nullement sur les parties latérales. Aux deux bouts du chassis, devant & derrière, on a ajouté un cylindre à encliquetage, dont l'usage est de tendre les cordes qui mènent & ramènent le train, & de régler la position de la manivelle. Le chassis, ainsi garni du marbre, des tringles & du rouleau, prend le nom de *train* de la presse.

LE GRAND TYMPAN est composé d'un chassis de bois, comme les tympans ordinaires, mais non recouvert de parchemin; sa traverse d'en-bas, nécessairement étroite, au lieu d'être en bois est de cuivre pour lui donner plus de solidité, & dessus est appliquée l'autre partie de la charnière, qui y est liée par cinq boulons qui les traversent toutes deux: la charnière porte à chaque bout deux oreilles de 8 pouces de long, qui s'appliquent à fleur du chassis, & y sont aussi liées chacune par trois autres boulons à oreilles. Sur ce chassis de bois on

ANCIENNES PRESSES.

presque jamais ensemble sur les tringles, ou bien cessent bientôt d'y frotter à mesure qu'ils s'usent. Le coffre, ainsi chargé de son marbre, muni de son chevalet & garni de ses crampons, retient le nom de *train;* il glisse assez légèrement sur son berceau, ce que l'on ne peut attribuer qu'à l'extrême légèreté du coffre, dont la matière & la construction en soulageant l'Ouvrier, tournent au détriment de l'ouvrage. Les deux cornières de derrière portent une des parties des deux couplets ou charnières du tympan, & ne forment avec chaque couplet qu'une seule & même pièce; en sorte que la hauteur sur l'œil de la lettre, prise au derrière du tympan, une fois déterminée, ne peut plus changer à la volonté de l'Ouvrier, & ces couplets entraînent souvent la destruction des cornières & même du chassis, si elles se cassent ou qu'on veuille y changer quelque chose.

LE GRAND TYMPAN est un chassis de bois qui porte à sa traverse d'en-bas les deux autres parties de couplets ou charnières, qui se réunissent aux premières par une grosse goupille ou boulon: sa traverse d'en-haut est une bande de fer où est attachée une des parties des couplets de la frisquette. Ce cadre, revêtu d'une peau de parchemin, sert à recevoir en-dehors la feuille de papier qui va être imprimée; & en-dedans on introduit des étoffes pour garantir l'œil de la lettre de la dureté du foulage, & qui sont maintenues en leur place par le *petit tympan.*

TABLEAU COMPARATIF.

NOUVELLE PRESSE.

applique un cadre de fer ou même d'acier, de l'épaiſſeur d'une friſquette, & dont les quatre traverſes, qui ont 16 lignes de large, ſont percées tout autour de quinze trous, que traverſent autant de boulons qui paſſent au travers du chaſſis de bois, & l'y rendent adhérent de manière à ne leur faire faire enſemble qu'un ſeul & même corps : pour ne pas trop multiplier les boulons, ceux qui attachent la charnière & ceux des pointures ſont partie des quinze boulons qui attachent le cadre dans tout ſon pourtour. Ce cadre, collé en vélin le plus beau & le plus uni, de la même manière qu'une friſquette, a été imaginé pour remédier aux inconvéniens qui réſultent des autres tympans : il eſt auſſi multiplié pour chaque Preſſe que le nombre des friſquettes, & lorſque le foulage, trop fort ou différent, peut cauſer quelque dommage à l'impreſſion, on ſubſtitue un autre cadre ou *faux-tympan* à l'ancien.

LE PETIT TYMPAN eſt un chaſſis de fer abſolument pareil aux autres, & qui n'en diffère qu'en ce qu'il entre, par ſix queues d'aronde, dans le chaſſis du grand tympan, & qu'y étant aſſujetti par autant d'étauquiaux diſpoſés dans tout ſon pourtour, il comprime auſſi les étoffes plus également.

ANCIENNES PRESSES.

Le tympan, ainſi couvert de parchemin, reſte revêtu de la même peau juſqu'à ce que la vétuſté le faſſe ſupprimer ; mais cette pratique eſt vicieuſe, en ce que ce même tympan ſervant pour des ouvrages de toute ſorte de formats, les pages & les lettres y font bientôt une telle impreſſion, que l'on eſt obligé de temps en temps, & ſur-tout à chaque changement de forme, pour en faire diſparoître ce que les Ouvriers appellent le *foulage*, de l'humecter juſqu'à ce que le parchemin redevienne uni; mais le parchemin à qui il faut faire contracter une très-forte humidité, la retient long-temps, & la communiquant de même au papier, lui fait recevoir une teinte d'encre trop forte, & diſproportionnée à celle de la veille où le tympan étoit ſec. C'eſt une des principales cauſes de l'inégalité dans la teinte des feuilles.

LE PETIT TYMPAN eſt un petit chaſſis de fer, recouvert d'un côté d'une feuille de parchemin, & deſtiné à comprimer les étoffes renfermées dans l'épaiſſeur du cadre du grand tympan, pour que le coffre puiſſe rouler & dérouler ſous la platine ſans craindre de les déranger. Cette compreſſion ſe fait ſur la largeur en trois points ſeulement, dont deux en-devant ſous la tringle de fer du grand tympan, & un ſous l'étauquiau ſur la partie oppoſée du petit tympan ; auſſi il réſulte

TABLEAU COMPARATIF.

NOUVELLE PRESSE.

LA FRISQUETTE eſt un cadre de quatre bandes d'acier, d'une épaiſſeur parfaitement égale, & ayant les mêmes longueur & largeur que le grand tympan; les deux parties de ſes couplets ſont faites avec tant de juſteſſe, qu'elle n'éprouve pas le moindre vacillement : elle eſt collée comme les autres avec deux feuilles de papier, entre leſquelles on a introduit un carton mince qui lui donne l'épaiſſeur de ſes bandes, pour que cette épaiſſeur, combinée avec la hauteur des garnitures de la forme, rempliſſe, à peu de choſe près, le vide que produit la ſaillie des caractères. On a eu ſoin de rendre cette ſaillie uniforme, en réduiſant à une hauteur égale les garnitures, eſpaces & cadrats employés pour les blancs; par ce moyen, tout ce qui eſt vide eſt rempli pendant la preſſion, & ce qui eſt plus élevé, eſt ſoutenu aſſez mollement pour donner lieu à tout le foulage qu'on peut deſirer.

Le nombre des friſquettes eſt aſſez multiplié pour pouvoir en changer à chaque ouvrage & même à chaque forme, lorſqu'elle diffère trop de la précédente.

LA CHARNIÈRE de 23 pouces de long ſur 15 lignes de diamètre, eſt abſolument cylindrique : cette pièce, toute d'acier, occupe toute la largeur du

ANCIENNES PRESSES.

de-là que les étoffes n'étant pas comprimées dans leur largeur, bourſouflent & produiſent néceſſairement dans cette partie une épaiſſeur différente.

LA FRISQUETTE eſt un cadre de quatre bandes de fer, de la largeur du grand tympan, & d'une grandeur indéterminée, portant à la bande d'en-bas l'autre partie de ſes couplets, qui s'aſſemble avec celle qui eſt attachée à la pièce précédente : cette friſquette, d'une épaiſſeur peu exacte, eſt collée de pluſieurs papiers, & ſert à couvrir la feuille de papier en ſe repliant ſur le tympan; elle ne laiſſe que l'ouverture des pages de la forme qu'on veut imprimer, pour garantir de l'encre les marges du papier blanc : le vice de cette pièce conſiſte dans le jeu qu'elle a dans ſes couplets, qui la fait vaciller ſur la feuille de papier, fait friſer celle-ci ſur la forme; & dans la négligence des Ouvriers qui ne la renouvellent pas aſſez, & ſe contentent, en changeant de formats ou d'ouvrages, de recoller du papier par-deſſus, ce qui produit encore ſous la platine une preſſion inégale.

LA CHARNIÈRE OU LES COUPLETS DU TYMPAN, ſont deux parties de charnières compoſées ordinairement chacune de cinq charnons, d'environ 15 lignes de

TABLEAU COMPARATIF.

NOUVELLE PRESSE.

coffre & du tympan ; elle a été forée dans la maſſe comme un canon de fuſil, & tous ſes charnons, au nombre de 19, en ont été diviſés avec le plus grand ſoin : la partie d'en-haut porte de chaque côté un retour d'équerre de 8 pouces de long, par lequel elle eſt attachée au cadre du tympan & à ſa traverſe de cuivre, auxquels elle eſt unie par onze boulons à oreilles. La partie d'en-bas, appliquée ſur la traverſe de derrière du chaſſis du coffre, y eſt maintenue par cinq boulons à tête large, qui, en aſſurant ſon invariabilité, lui laiſſent la poſſibilité de remonter ou deſcendre à volonté de 3 lignes.

L'expérience réitérée pluſieurs fois, en préſence de l'Académie Royale des Sciences, d'une même feuille tirée cinq à ſix fois de ſuite, & portée depuis à vingt-cinq fois, prouve d'une manière non-équivoque la ſolidité & la préciſion de cette pièce.

LE CHEVALET DU TYMPAN eſt une traverſe de fer ſoutenue par deux colonnes de pareille matière, & qui portent à plomb ſur les deux colonnes du berceau : cette pièce ſert, comme dans les autres Preſſes, à ſupporter le tympan développé ; elle fait partie du berceau & ne ſuit pas le mouvement du train.

LE BERCEAU conſiſte en trois fortes barres carrées d'acier, de 11 lignes, & évidées en V de la longueur de 4 pieds $\frac{1}{2}$ dans la moitié de leur épaiſſeur ; ces

ANCIENNES PRESSES.

diamètre : les deux d'en-haut ſont attachées au grand tympan ; celles d'en-bas, diſpoſées en équerre, ſont tellement engagées ſous les cornières ou cantonnières du coffre, que non-ſeulement il eſt impoſſible d'en changer la hauteur une fois déterminée, mais qu'elles entraînent la deſtruction des cornières & même du coffre lorſqu'il faut les réparer : leurs charnons ſont ſouvent diſpoſés avec ſi peu de juſteſſe, que le tympan en s'abaiſſant ſur la forme & en ſe relevant, éprouve un vacillement ſenſible, & auquel il faut attribuer en grande partie le papillotage & quelquefois le doublage des caractères ſur le papier.

LE CHEVALET DU TYMPAN eſt une traverſe de bois qui aſſemble deux montans portés ſur le coffre de la Preſſe. Cette pièce ſert à ſupporter le tympan lorſqu'il eſt développé, & elle marche avec le train auquel elle eſt attachée.

LE BERCEAU n'eſt autre choſe qu'un plancher très-mince & étroit, emmanché d'un bout dans le ſommier d'en-bas, porté de l'autre ſur un pied extrêmement

TABLEAU COMPARATIF.

NOUVELLE PRESSE.

barres portent fur le fommier d'en-bas & la plaque de cuivre qui le recouvre; elles y font affujetties par de fortes vis: l'autre moitié eft enchâffée dans trois traverfes, & les défafleure de 2 lignes. Ces trois traverfes font elles-mêmes emmanchées d'un bout à doubles queues dans le fommier d'en-bas, & de l'autre, dans la traverfe que fupportent les colonnes: les trois barres d'acier font auffi attachées par des vis fur cette même traverfe. Il n'y a donc pendant la preffion aucune ceffion, puifque le berceau eft foutenu des deux bouts & au milieu en trois points immobiles. Cette pièce une fois fuppofée parallèle, ne peut donc pas ceffer de l'être.

LE SOMMIER D'EN-BAS eft une plate-forme de bois, portant 2 pieds de long fur 2 pieds 9 pouces 4 lignes de large, & de 6 pouces 4 lignes d'épaiffeur, emmanchée folidement à queue dans chaque jumelle: cette pièce, exactement parallèle à la platine, eft recouverte d'une plaque de cuivre de 4 lignes d'épaiffeur, & préfentant une furface parfaitement unie; elle eft attachée au fommier d'en-bas par des boulons & vis diftribués dans toute fon étendue, & fa furface eft plus grande même que le coffre lorfqu'il la recouvre.

C'eft fur cette bafe folide, fur laquelle eft établi le berceau, que s'opère la preffion, pendant laquelle il n'y a aucune efpèce de ceffion, les trois couliffes d'acier

ANCIENNES PRESSES.

léger, & placé à l'à-plomb du chevalet du tympan: fur ce plancher font pofées deux & quelquefois trois barres de fer poli, taillées en dos d'âne & attachées à chaque bout du plancher par une vis. La conftruction de cette pièce nuit & s'oppofe même à la perfection de l'impreffion, puifqu'en fuppofant, comme on le verra ci-après, le fommier d'en-bas mobile, quoique parallèle dans fa longueur à la platine, le berceau cède fous la preffion par fon extrémité qui porte fur le fommier, & il ne cède pas de l'autre, qui eft fupportée fur un pied de bois debout, comme on l'a vu ci-deffus: le berceau, pendant la preffion, ceffe donc d'être parallèle à la platine.

LE SOMMIER D'EN-BAS eft une pièce de bois encore moins forte que le fommier d'en-haut, fur laquelle porte le berceau; cette pièce eft engagée dans les jumelles par fes tenons, & loin d'offrir une réfiftance abfolue à la preffion, elle cède d'une manière fenfible à chaque coup de barreau; il femble même qu'on ait voulu en faciliter la ceffion, en garniffant le deffous de fes tenons de quelques corps élaftiques, comme au fommier d'en-haut; mais cette conftruction, ne peut que tourner au grand détriment de l'impreffion: en vain s'affureroit-t-on par tous les moyens poffibles du parallélifme des pièces fupérieures avec la forme, la preffion fe fera toujours inégalement, fi la bafe fur laquelle elle s'opère ne leur

TABLEAU COMPARATIF.

NOUVELLE PRESSE.

étant aſſujetties ſur le ſommier, par d'autres vis taraudées dans la plaque de cuivre.

LE CONTRE-SOMMIER eſt une pièce de bois debout de la longueur du ſommier d'en-bas, & de la largeur de 5 pouces; cette pièce placée au centre de la preſſion, eſt deſtinée à en ſupporter l'effort : elle ſoutient le ſommier d'en-bas, & porte elle-même ſur la plate-forme.

LA PLATE-FORME eſt une pièce de bois de la même dimenſion que le ſommier d'en-bas, & de l'épaiſſeur de 4 pouces 7 lignes; elle s'aſſemble de même à queue dans chaque jumelle, elle ſert à ſupporter le contre-ſommier, & elle eſt elle-même ſoutenue par la pièce ci-après.

LE CONTRE-FORT eſt une groſſe pièce de bois debout, de la hauteur de 9 pouces 8 lignes, placée au centre de la pièce précédente, & portant ſur le plancher. Son uſage, relativement à la plate-forme, eſt le même que celui du contre-ſommier. Cette pièce, ainſi que la plate-forme, le contre-ſommier & le ſommier, ſont diſpoſées de manière qu'elles ont un centre commun à celui de la platine, & par leur contre-fil alternatif, elles offrent à la preſſion une réſiſtance abſolue & d'autant plus indépendante de l'effet des bois, qu'elles ſont toutes liées par un fort boulon qui les traverſe.

ANCIENNES PRESSES.

eſt pas parallèle; or, la ceſſion de cette pièce détruit toute idée de parallèliſme.

TABLEAU COMPARATIF.

NOUVELLE PRESSE.	ANCIENNES PRESSES.
VIS DE NIVEAU. Ces vis, au nombre de six, sont placées aux quatre coins des patins des jumelles, & aux deux bouts de celui du berceau : elles ont 1 pouce 10 lignes de diamètre; leur pas, presque horizontal & de la profondeur de 1 ligne $\frac{1}{2}$, forme dans le bois un écrou naturel, l'effort se fait sur une forte plaque de cuivre, dans laquelle le bout de la vis, réduit en un pivot de 8 lignes, entre librement. L'usage de ces vis, dont la tête est percée de quatre trous pour pouvoir y introduire un levier, est de niveler la Presse, & de rétablir avec facilité le défaut de justesse que le mouvement du plancher sur lequel elle est assise peut lui procurer.	

EXPLICATION

DES FIGURES.

I, II, III, V....................	*A*...	Aſſemblage du chapiteau avec les jumelles.
I, II, III, V....................	*B*...	Point qui détermine jufqu'en *C* l'épaiſſeur du ſommier *F F.*
I, II, III......................	*D*...	Point qui détermine jufqu'en *E* l'épaiſſeur des patins des jumelles.
I, II, III, V...................	*E, F*..	Angles des patins qui déterminent leur longueur & leur largeur.
I, II, XV, XIX..................	*G*...	Godet ou entonnoir fermé par un couvercle, ſervant à introduire l'huile dans les pas de la vis, & par les oreilles duquel paſſent les deux boulons *n* qui maintiennent l'écrou dans le ſommier.
I, II, III, XV, XVII, XVIII......	*H*...	Angles ſupérieurs du ſommier d'en haut.
I, II, III, XVI.................	*I*....	Angles inférieurs du même ſommier.
I, II, XXI......................	*K*....	Barreau avec ſon manche.
I, II, XX.......................	*L*...	Tête de la vis où entre le barreau.
I, II, III, V, XXIV, XXV, XXVI..	*M*...	Coins de la moiſe. Dans la *figure V* cette lettre indique ſeulement l'emplacement de la moiſe.
I, II, XXII.....................	*N*...	Angles ſupérieurs de l'écrou d'en-bas.
I, II, XXII, XXIII..............	*O*....	Paſſages de la vis *m, fig. XXII* & *XXIII*, qui correſpondent à autant de pareils trous dans la platine.

EXPLICATION

I, II, III	*P*	Chevilles de fer à vis pour porter les balles.
I, II, III, VI	*Q*	Forte pièce de bois qui reçoit l'effort du coffre.
I, II, III, XXIII	*R*	Angles de la platine.
I, III, XXVII, XXIX	*S*	Chaſſis de fer qui renferme le marbre.
I, XXVII, XXIX	*T*	Marbre en cuivre, vu en-deſſus, *fig. I* & *XXVII;* & en-deſſous, *figure XXIX.*
I, III, VI	*U*	Manivelle avec ſa poignée.
I, III	*X*	Grand tympan.
I, III	*Y*	Friſquette.
I, III	*Z*	Colonne du chevalet du tympan.
I, XII	*AA,BB* . .	Extrémités de la traverſe qui aſſemble celle *NN,* avec le patin *DD* du berceau.
I, III	*CC*	Traverſe du devant du berceau.
I, III, XIV	*DD*	Patin du bas du berceau.
I, III, VI	*EE*	Une des trois traverſes qui compoſent le berceau, & dans leſquelles ſont enchâſſées les couliſſes d'acier *z*.
VI	*FF*	Platine de cuivre de 6 lignes d'épaiſſeur, ſur laquelle portent les couliſſes *z*, & qui recouvre la plate-forme *FF**.

DES FIGURES.

I, II, V, VII	*F**	Sommier d'en-bas, vu de profil, *fig. I & II*, en-deſſous dans la *figure VII;* la *figure V* n'en fait qu'indiquer la place.
I, II, VIII	*GG*	Contre-ſommier qui ſoutient le ſommier.
I, II, V, IX	*HH*	Plate-forme ſur laquelle poſe la pièce précédente.
I, II, V	*II*	Contrefort en bois debout qui ſoutient le contre-ſommier, & porte ſur le plancher.
I, II	*KK*	Plancher de l'encrier avec ſes conſolles.
I, III	*LL*	Colonnes qui ſoutiennent la traverſe *CC* du devant du berceau, & emmanchées dans le patin *DD.*
I, III, XII	*MM*	Colonne qui ſoutient la traverſe *II,* où ſont aſſemblées les traverſes *EE,* pour les ſoutenir dans leur milieu, & qui s'emmanchent, *fig. XII,* dans la pièce *AA, BB.*
I, II, V, X	*NN*	Traverſe qui aſſemble par devant les patins des jumelles.
V, XI	*OO*	Traverſe qui aſſemble par-derrière les patins des jumelles; dans la *figure V,* on ne voit que la place de l'aſſemblage.

EXPLICATION

XVI, XIX.................... *PP*.. Écrou d'en haut avec ſes deux boulons *n*, & ſa plaque portant le godet *G*, dans lequel eſt viſſé le bout d'enhaut de la vis.

I.......................... *QQ*.. Encrier avec ſa molette ou broyon.

I, III, XXXI................ *RR*.. Charnière du grand tympan, & déſaſſemblée dans la *fig. XXXI*, avec ſa goupille *ſ*.

I, II, III, XIII............. *SS*.. Chapiteau qui couronne & qui aſſemble les jumelles, vu en-deſſous, *fig. XIII*.

XX......................... *TT*.. Pas d'en-haut de la vis.

XX......................... *UU*.. Pas d'en-bas de la même vis.

IV......................... *XX*.. Faux tympan qui s'applique ſur le grand tympan *X*, & qui y eſt lié par 15 boulons.

I, III...................... *a*.... Plaque de fer verni, appliquée ſur une des jumelles pour la préſerver du contact des balles.

I, II, III, V................. *b*.... Vis de rappel ſervant à mettre la preſſe de niveau.

I, II, V..................... *c*.... Clés de bois qui ſervent à ſerrer en contre-bas les deux parties de la moiſe; on n'en voit que l'emplacement, *fig. V*.

I, II........................ *d*.... Cheville pour retenir le barreau.

I, II, III, V................. *e*.... Vis de preſſion, qui traverſent les jumelles & ſervent ou à comprimer les corps élaſtiques du ſommier, ou à le rendre immobile.

DES FIGURES.

I, V.	*f*....	Plaques de cuivre qui arment les mortoifes des jumelles, qui reçoivent le fommier.
I, V.	*g*....	Écrous des vis de preffion *e*.
I, III, XXVII, XXVIII, XXIX.....	*h*....	Rouleaux à encliquetage, qui fervent à bander les cordes qui mènent le coffre.
VI.	*k**...	Cylindres traverfés par l'arbre *p*, de la manivelle & qu'entourent les cordes en fens oppofés.
I, III, XXVII, XXVIII, XXIX......	*l*....	Cornières ou cantonnières fervant à ferrer & fixer la forme fur le marbre.
I, II, XXII, XXIII.	*m*...	Vis fervant à attacher la platine à l'écrou d'en-bas, & dont on voit le paffage, *fig. XXIII.*
I, II, XV, XVI, XVII, XVIII, XIX..	*n*....	Boulons qui paffent dans les oreilles de l'écrou d'en-haut pour le maintenir dans le fommier, & dont on voit le paffage, *fig. XVII* & *XVIII.*
XXIV, XXV, XXVI.	*o*....	Une des deux parties de la boîte d'acier enchâffée dans la moife, & réunie avec l'autre, *fig. XXIV.*
I, III, VI.	*p*....	Arbre de la manivelle.
XVII, XVIII.	*q*....	Clés de bois qui affemblent les deux pièces du fommier, & leurs mortoifes, *fig. XVII.*
II, XV, XVI, XVII, XVIII........	*r*....	Boulons qui lient les deux parties du fommier, & dont on voit le paffage, *fig. XVII* & *XVIII.*

EXPLICATION

I, II, XXIV, XXV, XXVI.	*r**. . .	Boulons qui aſſemblent les deux parties de la moiſe ; leur paſſage eſt indiqué, *figures XXV* & *XXVI*.
XXXI.	*ſ*. . . .	Goupille de la charnière du tympan.
I, III.	*t*. . . .	Oreilles appliquées ſur les traverſes du berceau pour ſoutenir l'arbre du rouleau.
XXVIII, XXIX, XXX.	*u*. . . .	Tringles de cuivre attachées ſous le chaſſis *S*, évidées en *x*, & auxquelles on a conſervé trois parties ſaillantes *y*, pour ſervir à les faire gliſſer dans les couliſſes d'acier *ʒ*.
VI.	*ʒ*. . . .	Couliſſes d'acier faiſant partie du berceau, & enchâſſées dans les traverſes *EE*, dans leſquelles gliſſent les parties ſaillantes *y*, des tringles de cuivre *u*.
I, II, III.	*aa*. . .	Équerres de cuivre qui contribuent à maintenir l'aſſemblage des jumelles.
I, II, III.	*bb*. . .	Forts boulons à tête quarrée qui lient chaque jumelle à la plateforme *FF**.
I, III.	*cc*. . .	Boulons qui lient chaque jumelle avec le contre-ſommier *HH*.
I, III.	*dd*. . .	Boulons qui lient chaque jumelle avec les patins.
VII.	*ee*. . .	Paſſage d'un grand boulon qui ne ſe voit pas, & qui lie enſemble les pièces *II*, *HH*, *FF*.

DES FIGURES.

I, II.	*ff*. . . .	Plaques de cuivre dont ſont armées les jumelles extérieurement & liées aux plaques d'acier intérieures par des boulons à tête perdue.
I, II.	*gg*. . . .	Plaques de cuivre qui arment le ſommier en-dehors, & qui ſervent de rondelles aux boulons qui attachent les plaques d'acier ſur leſquelles s'opère le frottement du ſommier contre les jumelles.
I, III	*hh*. . . .	Boulons qui lient les jumelles avec le chapiteau.
I, V.	*ii*. . . .	Talons de cuivre ſur leſquels appuient les vis de preſſion.
XXIII.	*kk*. . . .	Trou pratiqué au centre de la platine où s'introduit le pivot *UU* du bas de la vis.
VI.	*ll*. . . .	Traverſe de bois qui aſſemble celles du berceau, & ſupportée dans ſon milieu par la colonne *MM*.
I, VI.	*mm*. . .	Chevalet qui ſupporte le grand tympan.
XXV, XXVI.	*nn*. . . .	Clés de bois qui maintiennent les deux parties de la moiſe; la *fig.* *XXV* en montre le mortoiſes.

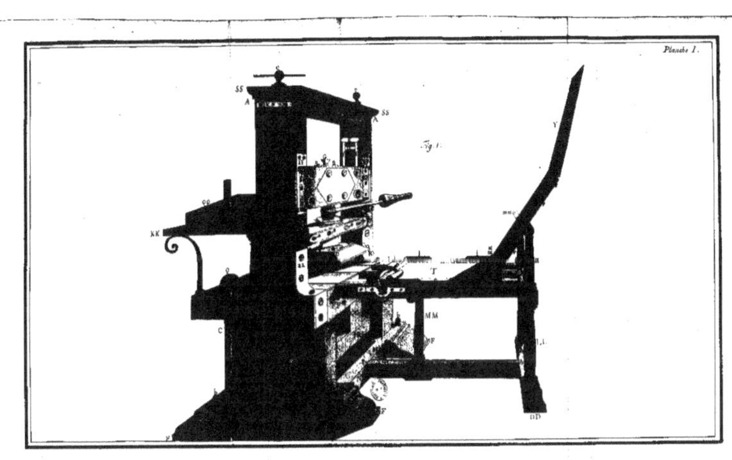
Planche I.
Fig. 1.

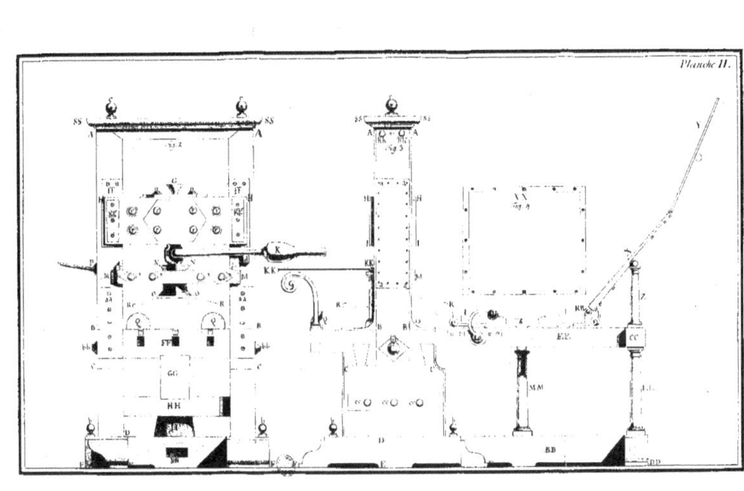

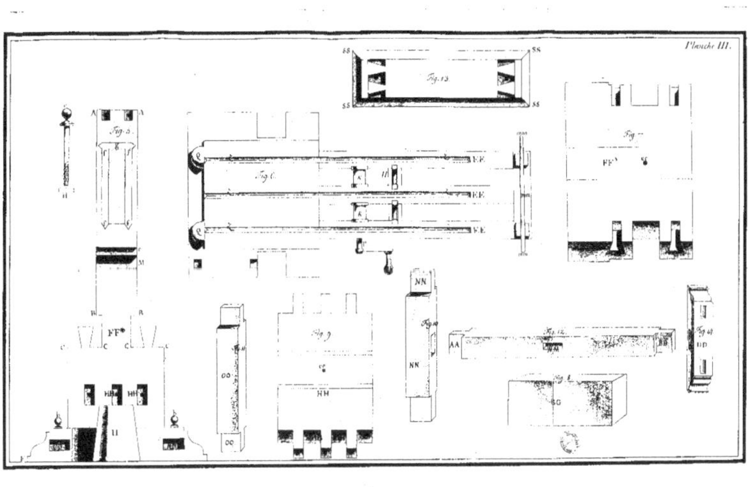
Planche III.

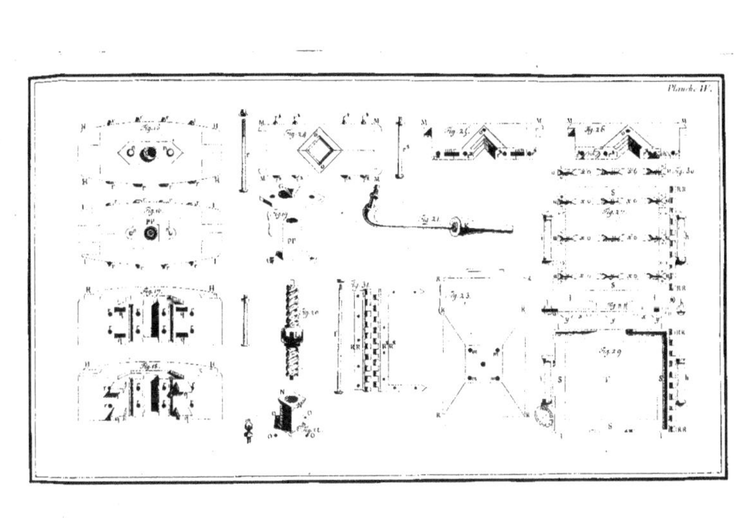
Planche IV.

www.ingramcontent.com/pod-product-compliance
Lightning Source LLC
LaVergne TN
LVHW020244230826
846091LV00006B/2239

* 9 7 8 2 0 1 3 0 5 7 5 2 3 *